# "대환란"

몰스 박사가 아파트에서 나오고 있다...
*준비하라!*
이렇게 비가 퍼붓는 상황에선 박사를 덮치는 게 쉽지 않겠습니다!
너에게 주는 마지막 기회라는 걸 잊지마.
*반드시 없애 버려!*
*지금이닷!*
차가 미끄러지고 있어....아!
꽈당!
어서 여기서 나가자!
주님, 저를 돌봐 주셔서 감사합니다. 저를 또다시 구해 주셨습니다!

해리스씨를 좀 뵐 수 있을까요?
성함이 어떻게 되시죠?
해리 몰스입니다. 조지의 오랜 친구죠.
해리 몰스? 바로 들여보내세요.
잘 지냈나, 조지! 건강해 보이는군!
해리!... 이렇게 오랜만에 자넬 다시 보게 되다니... 감격스럽군! 어서 들어오게!
내가 도울 일이라도 있나, 해리?
조지, 문제가 약간 있어.
뭐지?
누군가 나를 죽이려 했어. 두 번씩이나...

해리, 잠깐만. 앨러너, 티모시(팀)와 제임스(짐)를 지금 좀 불러줘요.
예, 알겠습니다.
이분은 몰스 박사시네. 성경 예언 분야의 최고 권위자시지.
안녕하십니까?
안녕하세요?
이쪽은 짐 카터와 팀 클락이네.
만나서 반갑습니다.
자, 해리, 이제 어떻게 그런 일들이 시작된 건지 얘기해 주게.
두 달 전 런던발 비행기에서 한 사람을 구령한 적이 있었네. 그 사람은 한 이상한 이단 종교 집단의 지도자였지. 그런데 삼 일 후에 그가 죽은 채 발견된 거야.
그 뒤로 나를 죽이려는 시도가 두 차례 있었고...
이건 오늘 아침 내가 받은 우편물일세.
너는
전에
맛보게
명심하라
이스라엘
에서
무서운
죽음의
될
것이다
돌아오기
!

내가 이스라엘에 가는 걸 어떻게 알아냈는지 모르겠어.
예루살렘에서 두 주간 예언서 위주로 말씀을 가르칠 예정이었거든.
짐과 팀이 자네 수행원이 되어 함께 여행할 걸세.
그렇게 해준다면 정말 고맙겠네, 조지.
자네들 생각은 어떤가?
하나님 말씀을 공부할 수 있는 더 없이 좋은 기회라고 생각됩니다.
이스라엘 직항편으로 가나?
그렇다네.
여행을 하면서 앞으로 몇 년 동안 있을 일들을 하나님 말씀에 있는 대로 설명해 드리겠습니다.
감사합니다.

해리, 자네의 안전을 위해 기도 하겠네.
고맙네, 조지.
의심스런 행동을 하는 사람이 눈에 띄나?
지금 이스라엘행 422편에 탑승해 주십시오!
아니!
몰스 박사님, 지금이 마지막 날들이라는 것을 알려 주는, 최근에 일어난 주요 사건들로는 뭐가 있을까요?
이스라엘에 있는 유대인들입니다. 나는 1948년 5월 14일, 이스라엘의 국가 수립과 함께 마지막 세대가 시작됐다고 생각하고 있습니다.
선지자 에스겔*이 2600년 전에, 이스라엘이 다시 한 나라가 될 것이라고 예언한 말씀은 우리의 관심을 끌기 충분하지요.
1948년이면 이스라엘이 아랍 민족들에게 거의 전멸되지 않았나요?
하나님께서 그분의 손으로 그들을 구하셨습니다.
* 에스겔 38:8
예루살렘에서 머물 호텔 객실에서 몰스 박사를 없애 버리는 게 좋겠군.
흐흐흐흐... 하나님의 손은 그를 구해 줄 수 없어.

짐과 팀, 두 명의 십자군들은 몰스 박사와 함께 작은 나라 이스라엘로 날아가고 있다.
미 국
이스라엘
아프리카
벤구리온 공항
이스라엘에 오신 것을 환영합니다.
이곳이 바로 지상에서 모든 문제들이 가장 격렬하게 일어나는 진원지라오!
성경 예언의 땅이고, 또 그것이 실제로 이루어지는 땅이지요.
예루살렘에 있는 디플로마 호텔로 가 주십시오.
디플로마 호텔에 머물 모양이군 그래.
이 나무들이 보입니까? 2차 세계대전 중에 독일에서 학살당한 육백만 명의 유대인들을 기리기 위해 육백만 그루의 나무를 심은 겁니다.
어휴, 정말 엄청난 고통을 당했군요.
너무 바짝 따라가지 말란 말이야! 우리가 미행하는 걸 눈치채면 안 돼!
저곳이 바로 예루살렘 성입니다. 2000년 전 우주의 창조주*께서 사람의 모습으로 이 도성을 다니셨죠. 예수님 말입니다.
이상한 일이지요. 성경은 하나님께서 이 땅에 내려오셔서 처녀의 몸에서 나시고 그분의 백성인 이스라엘에게 찾아오실 것을 말씀하고 있습니다.** 하지만 그들은 이 사실을 믿지 않아요!
* 요한복음 1:10, 히브리서 1:2
** 이사야 7:14, 마태복음 1:23

종교 지도자들은 예수님께서 유대인의 메시야라는 것을 믿길 거부했고, 그래서 그분을 죽였지요.
몰스 박사님, "메시야"가 뭐죠?
유대인들을 구원하기 위해 보내질 "기름부음 받은 자"라는 의미입니다.
사람들은 그분께서 이 땅에 두 번 오시려 했다는 것을 아무도 이해하지 못했습니다.
초림 때 그분은 구유에서 태어나셨죠. 자라면서는 죄를 짓지 않은 유일한 사람이셨고,
초림 기간의 끝에 예수님은 인간들이 자신을 십자가에서 죽이도록 허락하셨는데, 그 이유는 그분이 바로 그것을 위해 이 땅에 오셨기 때문이지요.
이스라엘을 위한 위대한 구세주로 이 세상의 죄들을 위해 죽으셨습니다. 그리고 자신의 피로 모든 죄들을 씻으셨지요.
그분이 이스라엘의 메시야로 다시 오실 때는, 그분만이 이스라엘을 완전한 파멸에서 구해 주실 수 있는 유일한 힘이 되실 것입니다.
그분이 바로 예수님이라는 사실을 그들이 깨닫게 되면 어떻게 될까요?
아마 기절초풍하겠죠.

디프로마 호텔
DIPLOMAT
이제야 도착하는군!
방 두 개를 예약했습니다. 두 분은 같은 방을 쓰시고, 내 방은 그 다음다음 방입니다.
좋습니다, 박사님. 그런데 저희 바로 옆방에 묵으시면 좋을 텐데...
잠을 좀 자둬요. 그리고 내일 아침에 봅시다.
네. 안녕히 주무세요, 박사님.
실례합니다. 해리 몰스씨가 묵고 있는 방이 어디죠?
428호입니다.
정말 잘됐군요!
저는 몰스 박사와 아주 절친한 사이입니다. 그래서 말인데, 그 친구 방 가까이에 제가 묵을 수 있을까요?
운이 좋으시네요! 박사님 바로 옆 방 427호에서 머무시던 손님이 방금 나가셨어요. 그 방을 쓰시면 되겠군요.
내가 생각했던 것보다 놈을 쉽게 해치울 수 있겠어...

그 다음 날, 호텔 로비
몰스 박사님? 저... 가이드를 하기로 했던 베니가 좀 아픕니다. 저는 베니의 사촌 마티고요. 베니가 저에게 이번 가이드 일을 좀 맡아 달라고 부탁을 했어요.
저는 로비에 있습니다.
곧 내려가죠.
마티?
네. 몰스 박사님이시죠?
베니가 아프다니 안된 일이네요. 많이 아픈가요?
아닙니다. 허리가 좀 안좋은데
한 일 주일쯤이면 좋아질 겁니다.
마티, 오늘 올리브 산으로 우릴 좀 데려가 주겠어요?
물론이죠.
마티, 영어를 아주 잘 하는데요.
네. 브루클린에서 태어난 게 덕을 좀 봅니다.
이스라엘에는 1967년부터 살고 있답니다.
욤 키푸르 전쟁에도 참전하셨나요?
물론입니다.
러시아가 이집트, 시리아, 요르단에 탱크들을 대량으로 공급하고 있어요.
박사님, 다음에 일어날 전쟁이 제3차 세계대전 발발의 방아쇠 역할을 하게 될까요?
러시아가 이스라엘을 공격하기 위해 움직인다면요.

왜 우리가 여기 왔는지 베니가 말해 주던가요?
종교적인 일 때문이라고 얼핏 들었습니다.
우리는 그리스도인들이에요.
아니! 뭐라고요?
제가 어렸을 때 뉴욕에선 그리스도인들이 우리 유대인들을 "그리스도를 죽인 자들"이라고 불렀어요!
그들은 진짜 그리스도인들이 아니오, 마티!
예루살렘에서 유대인들을 학살한 유럽의 십자군들도 그리스도인들이 아니었나요?
물론 그들도 아니라오!
그럼 스페인의 종교재판에서 유대인들을 죽인 자들도 그리스도인들이 아니란 말씀이신가요?
그래요. 특수한 목적을 위해 조직된 종교 단체였지, 그리스도인들이 아니었어요!
에이 (빌어먹을)! 그렇담 도대체 누가 진짜 그리스도인이란 말입니까?
참 그리스도인은 그리스도께 자신의 삶을 맡긴 사람을 말하며...
유대인을 사랑하며 그들을 위해 기도합니다.
(꿀꺽) 뭐라구요? 전 한 번도 그런 말을 들어본 적이 없어요!

몰스 박사님, 휴거가 먼저 일어날까요, 아님 제3차 세계대전일까요?
휴거가 먼저 입니다.
제3차 세계대전 바로 직전에 그리스도인들이 들려 올라갈 것을 확신합니다.
?
그 이유를 설명해 드리죠.
하나님께서는 우리들에게 몇몇 모형들을 제시해 주셨습니다. 노아를 아시죠?
하나님께서는 노아가 당대의 유일한 의인이라고 말씀하셨죠. 다른 사람들은 부패했고 폭력을 물마시듯 일삼았기 때문에 결국은 그들을 멸망시키시기로 결정하셨답니다.
하지만 하나님께서는 노아를 구원하시기로 하셨습니다. 그래서 그에게 방주를 만드는 방법을 알려 주신 거죠.
이봐, 노아! 도대체 어디에 물이 있단 말야?
하
하
하
불쌍한 노아. 미쳐 버렸군!
노아는 곧 있게 될 하나님의 심판에 대해 지속적으로 경고했습니다. 하지만 그들은 조롱하고 무시할 뿐이었어요.
최근에 아라랏 산 위에서 노아 방주 관련 목격 사례들이 있었습니다. (V.M. Cummings 저, 〈노아의 방주, 사실인가, 꾸며낸 이야기인가?, *Noah's Ark: Fact or Fable?*〉 Creation-Science Research Center 참조)
마른 땅에서 코로 숨쉬던 모든 것들이 죽었습니다. 노아와 노아의 가족들, 방주에 타고 있던 동물들만이 살아남았지요.
노아와 그의 가족들이 방주 안에 들어가고 나서야 하나님께서는 방주 문을 닫으셨고, 첫 번째 빗방울이 떨어졌습니다.

이제 그후 400년 뒤에 있었던 소돔과 고모라의 도시들을 살펴봅시다.
방탕한 도시들이었죠. * 동성연애자들로 가득 차 있었어요.
꿀꺽...
어머, 자기!
그곳에서는 어떤 낯선 사람도 안전할 수가 없었답니다. 죄에 찌든 그들의 삶의 악취가 하늘까지 닿았지요.
* 창세기 19:4-11
그들의 도덕적 타락은 극에 달했고, 하나님께서는 불로 그 도시들을 심판하시기로 정하셨습니다.
그런데 그 도시에 유일한 의인이 있었지요. 바로 롯입니다. 하나님께서는 그를 그곳에서 빼내 오시기로 하셨습니다.
그래서 천사들을 보내셔서 롯과 그의 아내, 그리고 두 딸들의 손을 잡아채서 그 성읍 밖으로 끌어내신 겁니다.
왜 이렇게 까지...?
* 왜냐하면 네가 안전한 곳에 이르기 전까진 하나님께서 이 도시들을 치실 수 없기 때문이다!
* 창세기 19:22
소돔과 고모라에 유황과 불이 비처럼 내렸습니다! 그들은 진멸했습니다. 노아와 마찬가지로 하나님께서는 롯이 안전할 때까지 심판을 유보하신 겁니다.
고고학적 주해: 1924년에 카일(M.G. Kyle) 박사는 사해 근처에서 튼튼한 방어 시설로 둘러싸인 한 거대한 땅의 잔재를 발견했는데, 기원전 2500에서 2000년 사이에 형성된 도시로 나타났다. 여러 증거들로 볼 때 인구 밀도가 매우 높았던 것으로 보이며, 갑자기 그 많던 사람들이 죽어 버린 것으로 드러났다. 또 카일 박사는 소돔의 산(Mt. Usdom) 아래는 150피트 두께의 소금층이 있고, 그 위엔 유황층이 섞여 있는 이회토층이 있다고 지적했다. 가스 폭발이 있었고, 글자 그대로 소돔에 불과 유황이 비처럼 내린 것이다.
카일 저 〈소돔 탐험, *Explorations at Sodom*〉...I.S.B.E.

주 예수님께서는 앞으로 있을 대환란에 대해 말씀하셨습니다.*
예레미야 선지자도 7년 동안 지속될 이 기간을 "야곱의 고난의 때"라고 불렀고요. **
* 마태복음 24:21
** 예레미야 30:7
예수님께서는 세상이 시작된 이후로 그 7년과 같은 때가 없었고, 앞으로도 결코 없을 것이라고 말씀하셨습니다. *
나라들이 붕괴되고 물가가 치솟고, 기근, 환경 파괴, 전쟁...
암울하고 절망적이네요, 박사님.
* 누가복음 21:20-24
휴거되지 못한 사람들에게는 너무나 끔찍한 일일 겁니다.
계속 휴거에 관해 말씀하시는데... 그 휴거라는 게 뭐죠?
하나님께서 이 땅을 다시 심판하시기 직전에 그 분의 대사들을* 데려가시는 겁니다.
노아와 롯처럼 말씀입니까?
그래요, 마티. 성경에는 대환란 전에 우리를 데려가시겠다는 예수님의 약속이 분명히 기록되어 있습니다. 이것이 바로 복된 소망**인 것입니다. 그래서 그리스도인들은 이것을 "휴거"라고 부른답니다.
* 고린도후서 5:20
** 요한계시록 3:10, 디도서 2:13

다음은 휴거 이후에 일어날 일들에 대해 보여 주는 장면들이다.

"보라, 내가 너희에게 한 가지 신비를 말하노니 우리가 다 잠잘 것이 아니요 오히려 우리가 모두 변화될 것이니 마지막 나팔에 눈깜짝하는 순간에 그러하리라. 나팔 소리가 나면 죽은 자들이 썩지 아니하는 몸을 입고 이 죽을 몸이 반드시 죽지 아니할 몸을 입으리라."

고린도전서 15:51-52

참된 그리스도인들인 우리가 하늘로 들려 올라갈 때, 은혜로우신 하나님께서는 무죄한 아기들을 대환란에서 보호하시기 위해 함께 데려가실 것입니다. *

* 사무엘하 12:23, 마태복음 19:14

자 마티, 이제 휴거가 뭔지 알겠죠.
와... 처음 듣는 사실이에요.
몰스 박사님, 박사님께서 왜 마지막 때가 아주 가까왔다고 생각하시는지에 대해서도 마티에게 설명해 주시겠어요?
그러죠. 모두들 대환란 동안 일어 날 특징적인 일들에 관해 알고 있죠?
조짐들이 아주 빨리 나타나고 있습니다. 우리가 생각하고 있는 것보다 휴거가 훨씬 가까웠다는 것을 알 수 있죠.
한편 몰스 박사의 호텔 방에선
아... 좋아! 저 방 샤워기가 욕조 벽을 사이에 두고 내 샤워기와 맞닿아 있군. 식은 죽 먹기겠어!
내가 가지러 가지... 맹독성인 게 틀림 없겠지?
네. X씨. 어쨌든 조심하십시오. 이스라엘엔 해독제가 없습니다.
훌륭해!... 박스에 잘 넣어둬.

이 놈 구하느라 무척 힘들었습니다.
그래서 내가 충분한 대가를 지불했잖은가.
아... 쇼핑을 하셨군요!
네, 아주 특별한 사람을 위해서 예쁜 송별 선물을 하나 샀어요.
들어 드릴까요?
아니, 괜찮아요!
좋았어. 복도 청소 중이라 진공청소기 소리 덕에 드릴 소리가 묻히겠군.
흐흐... 뚫린닷!
위이이잉~
몰스 박사의 방에서
자, 이렇게 말끔히 청소했으니 이 구멍은 보지 못할 거야!
**노래**하며 샤워하는 대신 **비명**을 지르겠지! ***하하하!***

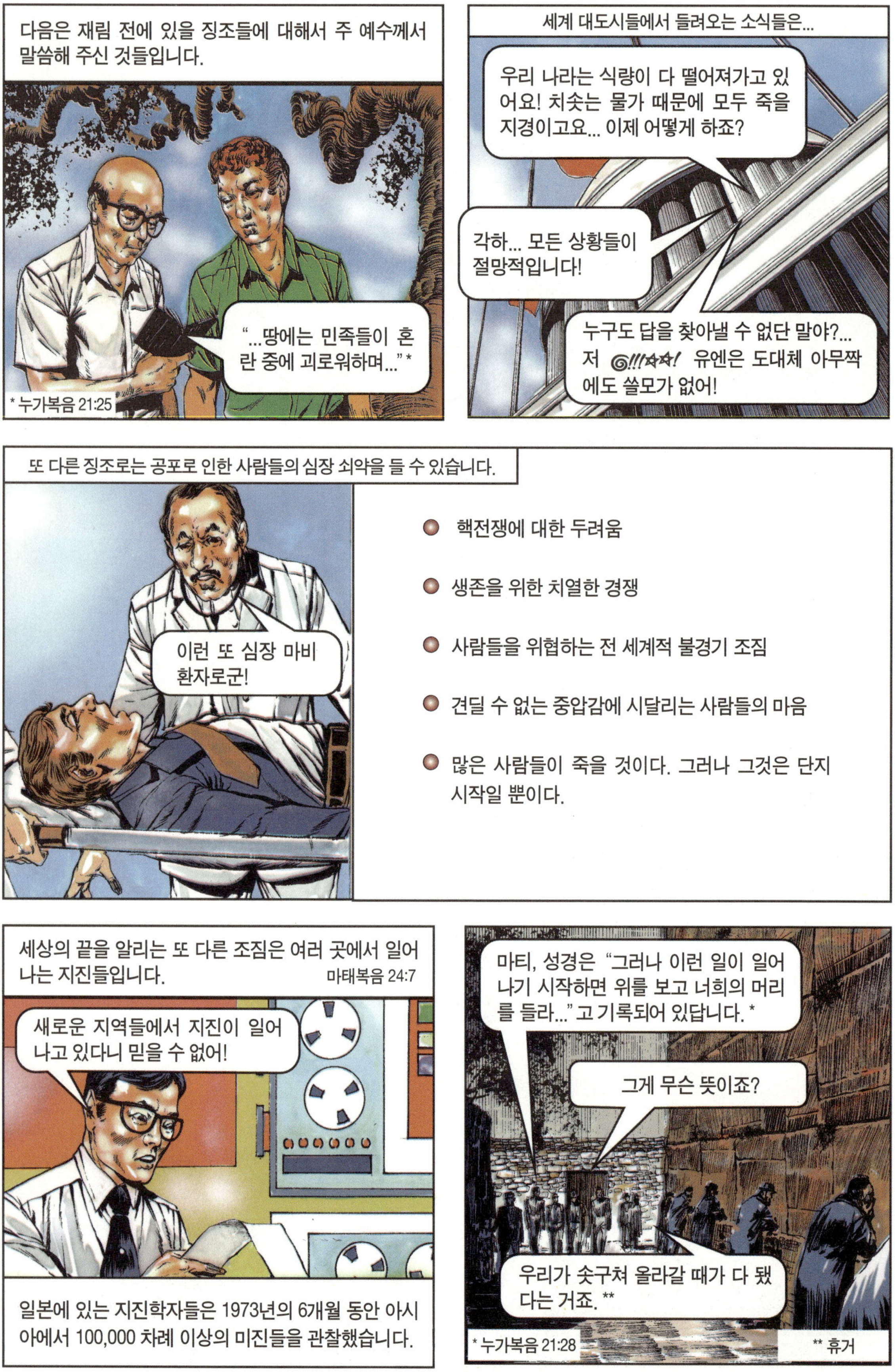
다음은 재림 전에 있을 징조들에 대해서 주 예수께서 말씀해 주신 것들입니다.
"...땅에는 민족들이 혼란 중에 괴로워하며..."*
* 누가복음 21:25
세계 대도시들에서 들려오는 소식들은...
우리 나라는 식량이 다 떨어져가고 있어요! 치솟는 물가 때문에 모두 죽을 지경이고요... 이제 어떻게 하죠?
각하... 모든 상황들이 절망적입니다!
누구도 답을 찾아낼 수 없단 말야?... 저 @!!!☆☆! 유엔은 도대체 아무짝에도 쓸모가 없어!
또 다른 징조로는 공포로 인한 사람들의 심장 쇠약을 들 수 있습니다.
이런 또 심장 마비 환자로군!
핵전쟁에 대한 두려움
생존을 위한 치열한 경쟁
사람들을 위협하는 전 세계적 불경기 조짐
견딜 수 없는 중압감에 시달리는 사람들의 마음
많은 사람들이 죽을 것이다. 그러나 그것은 단지 시작일 뿐이다.
세상의 끝을 알리는 또 다른 조짐은 여러 곳에서 일어나는 지진들입니다. 마태복음 24:7
새로운 지역들에서 지진이 일어나고 있다니 믿을 수 없어!
일본에 있는 지진학자들은 1973년의 6개월 동안 아시아에서 100,000 차례 이상의 미진들을 관찰했습니다.
마티, 성경은 "그러나 이런 일이 일어나기 시작하면 위를 보고 너희의 머리를 들라..." 고 기록되어 있답니다. *
그게 무슨 뜻이죠?
우리가 솟구쳐 올라갈 때가 다 됐다는 거죠. **
* 누가복음 21:28
** 휴거

저는 주님의 재림을 기다리는 사람들이 박해받을 때가 아주 가까웠다고 예상하고 있습니다.
왜 그렇게 생각하시죠?
정부 요직에 있는 비밀사교집단들과 TV나 영화들이 우리를 공격하고 있기 때문이죠.
대환란 전에 우리는 아주 힘든 일들을 겪게 될 겁니다.
식량 부족, 돈, 인종 문제로 국민들은 폭동을 일으킬 것이고 정부들은 붕괴될 것입니다.
지금 세상은 이런 대혼란에서 자기들을 구할 위대한 지도자를 찾고 있어요.
나는 그 지도자란 자가 현재 살아 있다고 믿습니다. 성경에는 그가 유럽에서 나올 것이라고 기록되어 있어요.
그 자는 매력이 넘치고, 군사력을 통제하는 천재적인 능력도 갖춘 자죠. 능숙한 정치인인 데다가 세상에서 가장 악한 독재자일 것입니다. 성경은 그를 "짐승"이라 부릅니다.*
*요한계시록 13:1-6
그와 동시에 교회 시대는 끝이 납니다. 말하자면 하나님께서 지구와의 외교적 관계를 단절하시는 것이지요.
그렇기 때문에 그분께서 그의 대사*들을 심판이 있기 전에 부르시는 겁니다.
* 고린도후서 5:20
그들은 휴거되는 것이지요! *
* 주께서 호령과 천사장의 음성과 하나님의 나팔 소리와 함께 하늘로부터 친히 내려오시리니 그리면 그리스도 안에서 죽은 자들이 먼저 일어나고 그리고 나서 살아남아 있는 우리도 공중에서 주와 만나기 위하여 그들과 함께 구름 속으로 끌려 올라가리니, 그리하여 우리가 영원히 주와 함께 있으리라. 그러므로 이러한 말로 서로 위로하라. 데살로니가전서 4:16-18

*천문학자들은 오리온성좌에 있는 북쪽 성운에 거대한 빈 공간이 있음을 밝혔다. 그것은 하늘에 있는 동굴로 규모가 어마어마하며 말로 형용할 수 없는 찬연한 아름다움을 갖고 있다. 학자들은 대형 렌즈와 감광판의 노출 시간을 길게 해서 그 모습을 찾아냈다. 그들은 그 커다란 틈의 직경이 16조 마일 이상이라는 의견에 동의한다.*

*그 절묘한 아름다움과 빛나는 색들은 이 땅의 어떤 것과도 비교할 수 없다. 로우 산 관측소의 러킨 교수는 다음과 같이 기술한다: 오리온 성운의 심연은 틈이 있고 꼬인 물체들 같으며 빛나는 큰 유리 강, 울퉁불퉁한 기둥들, 화려하게 반짝이는 종유석 기둥들, 거대한 바닥에서 올라온 석순들처럼 보이기 때문에... 상아, 진주, 수백만 개의 다이아몬드와 반짝이는 별들을 박아 장식한 환한 벽을 뒤에 두고 빛나고 백열하는 빛의 모습이다.*
*(1970. 2. 20 〈데일리 리뷰 - 편집자의 우편가방, Daily Review - Editor's Mailbag〉에서 발췌)*

이곳은 하늘 나라의 영광으로 들어가는 입구로 적당한 곳입니다.
우리는 휴거되면서 이곳을 통과할 것입니다.

하늘로 들려 올라간 그리스도인들은 그곳에서 7년을 지낼 것입니다. 땅에 있는 사람들은 그 기간 동안 대환란을 통과하게 됩니다.

그리스도인들은 하늘 나라의 광경에 놀라서 벌린 입을 다물지 못할 것입니다. 형언하기 어려운 그곳의 아름다움으로 인한 충격은 오직 영광스러운 몸으로만 견뎌낼 수 있을 것입니다. * * 빌립보서 3:21

**성경은 이렇게 말씀하십니다.** "하나님께서 자기를 사랑하는 자들을 위하여 예비하신 것들은 눈으로 보지도 못하였고 귀로 듣지도 못하였으며 인간의 마음속에 들어온 적도 없었느니라."

고린도전서 2:9

그리스도인들에게 가장 엄숙하고 진지한 시간은 그리스도의 심판석입니다.* 그때 우리는 각자가 어떻게 주님을 섬겼는지 그분께 설명 드려야 합니다.

* 고린도후서 5:10

하나님께서 우리에게 원하셨던 위대한 일들, 우리가 받을 수 있었던 상들*이 우리들 앞에 드러나게 될 것입니다. 우리는 그분 앞에서 우리의 실패를 보고 속상해 하며 울 것입니다. 그러나 주님께서는 우리의 눈물을 닦아 주시며 주님을 위해 한 보잘것없는 일들을 보상해 주실 것입니다. 하늘 나라에서 만나리라고 생각했던 어떤 사람들은 그곳에서 보지 못할 수도 있고, 반대로 예상치 못했던 사람들을 만날 수도 있습니다.** 가까스로 그곳에 온 사람들도 있을 것이고요. ***

* 고린도전서 3:14 ** 마태복음 7:21-23 *** 베드로전서 4:18

**참고 :** *그리스도의 심판석은 죄를 심판하는 자리가 아니다. 당신이 예수님을 주와 구주로 영접하여 그리스도인이 되는 순간, 그분의 피로 당신의 모든 죄들은 씻음받기 때문이다.* *

* 베드로전서 1:17-19, 요한계시록 1:5, 에베소서 1:7

들림받은 그리스도인들은 그리스도의 신부가 됩니다. 주님께서는 우리를 점이나 흠이 없는 모습으로 나타나게 해주시고, 우리는 굉장한 어린 양의 혼인식에 참석하게 됩니다.*
* 에베소서 5:23-32
참고 : "하나님의 어린 양"은 예수님의 명칭 중 하나이다.
(요한복음 1:29)
7년 기간의 끝에 다다르면 주 예수님께서는 사탄의 광기를 멸망시키시기 위해 지상 재림을 준비하실 것입니다.
성경에는 주님께서 재림을 서두르지 않으시면 이 땅에 남아 있을 육체가 없을 것이라고 기록되어 있습니다.*
* 마태복음 24:22
주님께서는 아마겟돈 전쟁을 위해 강력한 군대를 이끌고 하늘에서 내려오실 것입니다.
오, 이런... 시간이 이렇게나 된 줄 몰랐네요. 호텔로 돌아가야만 해요. 오늘밤에 강의가 있어요.

몰스 박사님, 내일은 대환란에 대해서 말씀해 주시겠어요?
DIPLOMAT
좋아요, 마티.
팀, 박사님을 위해 같이 기도드리자. 지금 마음이 짓눌리는 것 같고 굉장히 무거워.
나도 그래. 자, 기도드리자.
욕실에 있군. 잘 가게, 몰스 박사.
아... 따뜻해. 피곤이 가시는군.
자, 가만히 있어라. 너를 해치려는 게 아냐.
어서, 착하지... 귀엽고 예쁜 아가... 네가 할 일이 있단다.

주님, 몰스 박사님을 해치려는 자가 있다면
그 계략을 중지시켜 주십시오!
하나님 아버지, 음모자들이 친 덫에
그들 자신이 걸려들게 해주십시오.
자, 널 이 작은 구멍으로 넣어
줄 테니, 네가 저 친굴 끝내
버리는 거야!
아악!
@!!!☆☆! 저 망할 비누!
안 돼! 내 팔을!
아!!!!!!!!!!!!!!!!!!

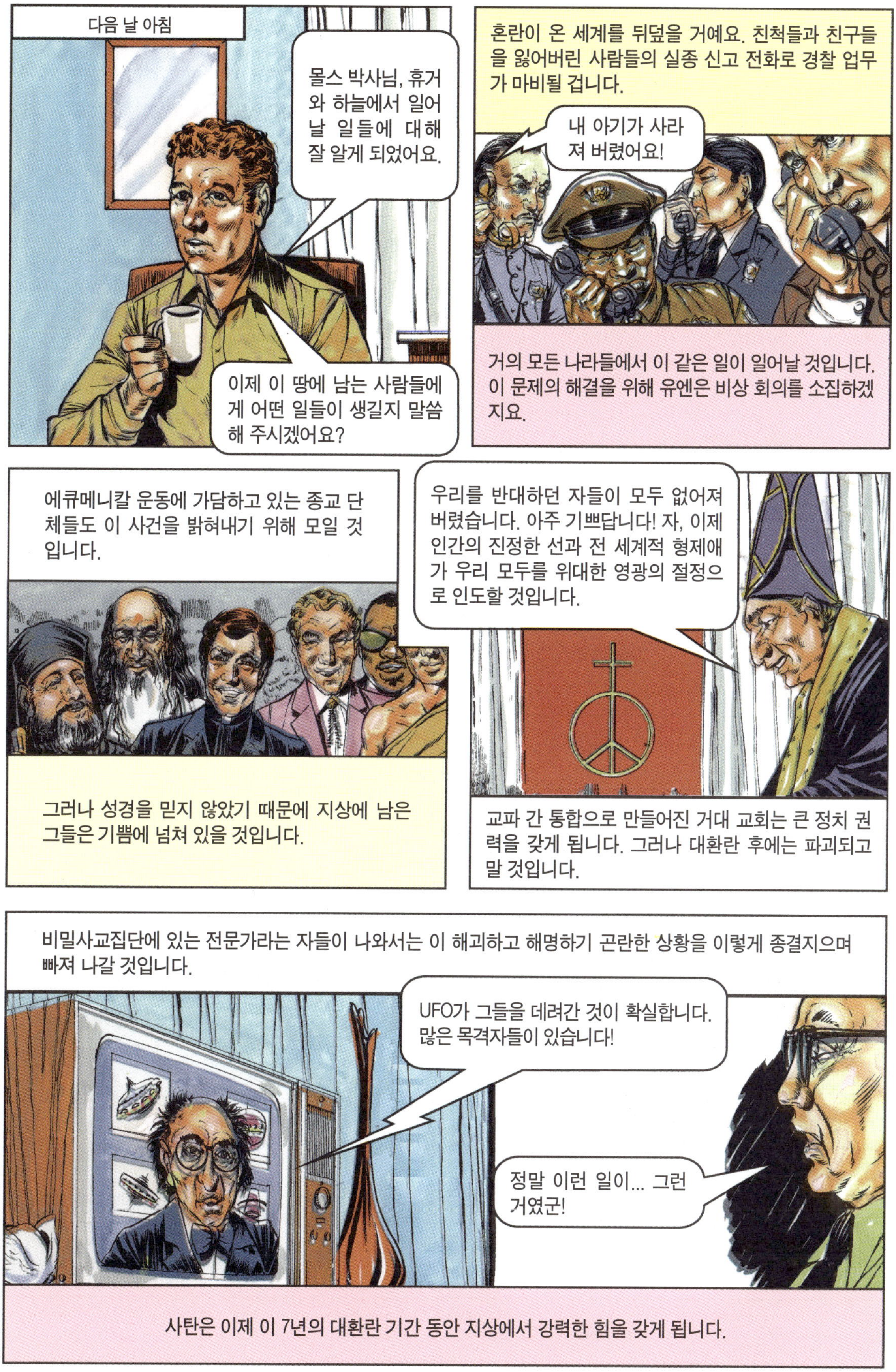
다음 날 아침
몰스 박사님, 휴거와 하늘에서 일어날 일들에 대해 잘 알게 되었어요.
이제 이 땅에 남는 사람들에게 어떤 일들이 생길지 말씀해 주시겠어요?
혼란이 온 세계를 뒤덮을 거예요. 친척들과 친구들을 잃어버린 사람들의 실종 신고 전화로 경찰 업무가 마비될 겁니다.
내 아기가 사라져 버렸어요!
거의 모든 나라들에서 이 같은 일이 일어날 것입니다. 이 문제의 해결을 위해 유엔은 비상 회의를 소집하겠지요.
에큐메니칼 운동에 가담하고 있는 종교 단체들도 이 사건을 밝혀내기 위해 모일 것입니다.
그러나 성경을 믿지 않았기 때문에 지상에 남은 그들은 기쁨에 넘쳐 있을 것입니다.
우리를 반대하던 자들이 모두 없어져 버렸습니다. 아주 기쁘답니다! 자, 이제 인간의 진정한 선과 전 세계적 형제애가 우리 모두를 위대한 영광의 절정으로 인도할 것입니다.
교파 간 통합으로 만들어진 거대 교회는 큰 정치 권력을 갖게 됩니다. 그러나 대환란 후에는 파괴되고 말 것입니다.
비밀사교집단에 있는 전문가라는 자들이 나와서는 이 해괴하고 해명하기 곤란한 상황을 이렇게 종결지으며 빠져 나갈 것입니다.
UFO가 그들을 데려간 것이 확실합니다. 많은 목격자들이 있습니다!
정말 이런 일이... 그런 거였군!
사탄은 이제 이 7년의 대환란 기간 동안 지상에서 강력한 힘을 갖게 됩니다.

러시아(마곡*)가 이스라엘을 침략하면서 제3차 세계대전이 시작될 것입니다. 그러나 그것은 하루 만에 끝나는 핵전쟁이고, 지상에 살고 있는 1/4의 사람들이 죽을 것입니다. 요한계시록 6:8

- 1/3의 바다 피조물들이 죽는다.
- 1/3의 배들이 파괴된다.
- 1/3의 나무와 풀이 타버린다.

이사야 13:8과 요엘 1:19 참조.

"땅이 또한 그 거민들 아래서 더렵혀지니 이는 그들이 율법을 범하였고 율례를 바꿨으며 영원한 언약을 어겼음이라. 그러므로 저주가 땅을 삼켰으며 거기에 사는 자들은 황폐케 되었고, 그러므로 땅의 거민들은 불탔으며 적은 수가 남았도다."

(이사야 24:5,6)

역사가들의 기록에 의하면 노아의 손자들인 마곡, 투발, 메섹은 북쪽으로 이동하여 지금의 러시아에 정착했습니다. [요세푸스와 빌헬름 젠세니우스(Josephus and Wilhelm Gensenius)의 히브리어 사전. 할 린지 저 〈대행성 지구의 종말, *Late Great Planet Earth*〉, 제5장, pub. by Zondervan]

2600년 전 에스겔은 러시아가 이스라엘의 산들 위에서 멸망당할 것이라고 예언했습니다. 이것은 제3차 세계대전 때 일어날 일입니다. (에스겔 38장과 39장 참조)

"네가 이스라엘의 산들 위에 쓰러지리니 너와 너의 온 부대와 너와 함께한 백성들이라. 내가 너를 뭅시 굶주린 각종 새들과 들의 짐승들에게 주어 삼키게 하리라."

(에스겔 39:4)

***하나님의 놀라운 간섭으로*** **러시아는 패할 것입니다.**

핵전쟁으로 인한 진동과 충격으로 이슬람교의 바위 돔 사원은 무너져 버릴 것입니다.

그 장소는 유대인들과 아랍인들이 신성하게 여기는 곳으로, 유대인들에게는 솔로몬 성전, 헤롯 성전이 세워졌던 곳인데, 서기 691년에 아랍인들이 점령해서 마호메트를 기념하는 성지로 바위 사원을 지었습니다. 그러나 제3차 세계대전 후에 그곳은 유대인들에게로 돌아가게 될 것입니다.

유대인들은 다시 성전을 지을 것이고, 다시 구약처럼 동물 희생 제사가 드려질 것입니다.

**참고 :** *젊은 유대인들이 지금 예루살렘에 있는 예쉬바 아보다스 하고데쉬(Yeshiva Avodas Hakodesh)에서 동물 희생제사 드리는 방법을 훈련받고 있다. **

* 찰스 테일러 박사 저 〈설레는 맘으로 기대하자, 주께서 곧 오신다, *Get All Excited, Jesus Is Coming Soon*〉 참조

그러나 유럽의 통치자는 러시아의 패망을 자신의 공적으로 돌릴 것입니다. 성경은 그를 "짐승"이라고 부르고 있습니다. 지상에는 사탄, 짐승, 거짓 선지자로 이루어진 악의 삼위일체가 형성되고, 짐승은 세계를 지배하는 힘을 부여받게 됩니다.

"...누가 그 짐승과 같으며 누가 감히 그와 더불어 싸울 수 있으리요?" (요한계시록 13:4)

그 거대 교회는 "큰 창녀"라고 불릴 것이고(계 17장), 짐승이 권력을 행사할 수 있도록 밀어줄 것입니다.

이 때 세상은 굉장한 번영을 이룰 것입니다.* 그러다 그 짐승이 깜짝 놀랄 만한 공표를 합니다. * 다니엘 8:25

* 요한계시록 13:16-17

"... 누구든지 그 짐승과 그의 형상에게 경배하고 그의 표를 자기 이마나 손에 받는다면... 또 그 사람은 거룩한 천사들의 면전과 어린 양의 면전에서 불과 유황으로 고통을 받으리니" (요한계시록 14:9-10)

≒≒≒ 는 숫자 666을 나타내는 컴퓨터 출력 정보입니다. (요한계시록 13:18)

예루살렘에 새 성전이 완공되고 나면 희생제가 다시 드려질 것입니다. 그후 그의 거짓 번영이 한계에 다다를 즈음 짐승은 이스라엘의 재물들을 노리고 예루살렘에 나타날 것입니다.

짐승은 성전으로 들어가 지성소로 걸어 들어갑니다.

"날마다 드리는 희생제가 폐지되고 멸망케 하는 가증한 것이 세워질 때부터 일천이백구십 일이 될 것이니라." (다니엘 12:11)

신비주의의 영도자인 거짓 선지자는 두 번째 서열에 있으면서 대중들이 짐승을 숭배하도록 조장하는 자입니다. 그는 짐승의 형상을 만들어서 유대인 성전 지성소에 그것을 세울 것입니다.

"또 그가[거짓 선지자] 짐승의 형상에게 생명을 주는 권세를 받아 그 짐승의 형상으로 말도 하게 하고, 그 짐승의 형상에게 경배하지 아니하는 자는 다 죽이도록 하니라." (요한계시록 13:15)

유대인들은 살기 위해 도망갑니다.

예수님께서 말씀하십니다. "그러므로 너희가 선지자 다니엘을 통하여 말씀하신 멸망의 가증한 것이 거룩한 곳에 선 것을 보리니, (읽는 자는 깨달으라.) 그 때에 유대에 있는 자들은 산들로 도망하라. 지붕 위에 있는 사람은 집 안에 있는 물건을 가지러 내려가지 말고, 들에 있는 사람은 자기 옷을 가지러 돌아가지 말라. 그 날들에는 아이를 밴 자들과 젖 먹이는 자들에게 화 있으리라!" (마태복음 24:15-19)

많은 성경 학자들은 그들이 페트라에서 은신할 것이라고 믿고 있습니다. 페트라는 현재 폐허 도시로서, 이 세상으로부터 신비롭게 감추어져 트랜스요단(Trans-Jordania)의 외딴 분지에 있습니다.

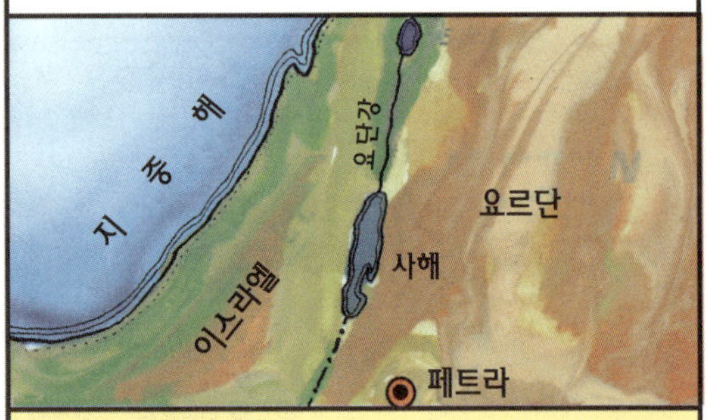


**참조 :** *그리스도인들은 수년 동안 이 일을 대비해서 페트라에 성경을 갖다 두고 있다.*

144,000명의 하나님의 종들은 이마에 하나님의 인장으로 표시될 것입니다. 이들은 각각의 이스라엘 12지파에서 12,000명씩으로 구성된 유대인 동정남들입니다.

(요한계시록 7:3-8; 14:14)

대환란 기간 동안 그들의 증거로 많은 사람들이 하나님께 돌이키게 될 것입니다.

(요한계시록 7:9,14)

* 살렘 커반 저 〈여호와의 증인〉, 26쪽, 무디 출판사

많은 사람들이 짐승의 표를 거부하다가 처형을 당할 것입니다. 하나님의 말씀을 믿는 믿음 때문에 지상에서 죽는 그들의 울부짖음이 하늘에 닿게 될 것입니다.

이들이 하나님께 복수를 간구하는 환란 성도들입니다.

그러나 하나님께서는 나머지 환란 성도들이 죽임 당할 때까지 기다려야 한다고 말씀하십니다.

(요한계시록 6:9-11)

*참조 : 그리스도인은 복수를 위해 기도해서는 안 된다. 마태복음 5:39,44과 로마서 12:19을 읽어 보라. 그러나 이들은 환란 시대 성도들이고, 그리스도의 신부가 될 성도들이 아니다.*

연이은 전염병들이 하나님을 대적하는 사람들을 쓰러뜨릴 것이지만 그들은 회개하지 않을 것입니다.

- 65파운드짜리의 우박이 쏟아질 것이다.
- 태양이 사람들을 태워 죽일 것이다.
- 물의 1/3이 마실 수 없게 될 것이다.
- 5개월 동안 곤충들이 들끓고 사람들을 쏠 것이다.

기근과 물가 폭등이 전 세계에 만연할 것입니다.

생태계도 모두 파괴됩니다!

이제 그 "짐승"은 더 이상 창녀 교회도 필요치 않게 됩니다. 그래서 없애 버릴 것입니다.

큰 창녀인 거대 교회는 파괴되고 맙니다. 이 종교적 바빌론은 더 이상 존재하지 않는다는 뜻이죠. "슬프도다, 큰 도성 바빌론이여." (요한계시록 18:10)

광기가 극에 달한 그 짐승은 모든 유대인을 죽이라고 명령하고, 이스라엘을 대항해서 세계의 모든 군대들이 연합하게 됩니다.

유대인의 2/3가 살해당하고, 모든 희망은 사라진 듯 보입니다. (스카랴 13:8)

성경은 동방의 왕들이 작은 이스라엘을 대항해서 그들의 거대한 군대를 보낼 것이라고 말씀합니다. 그리고 유프라테스 강은 완전히 말라서 이 큰 군대가 건널 수 있는 길을 예비합니다. (요한계시록 16:12)

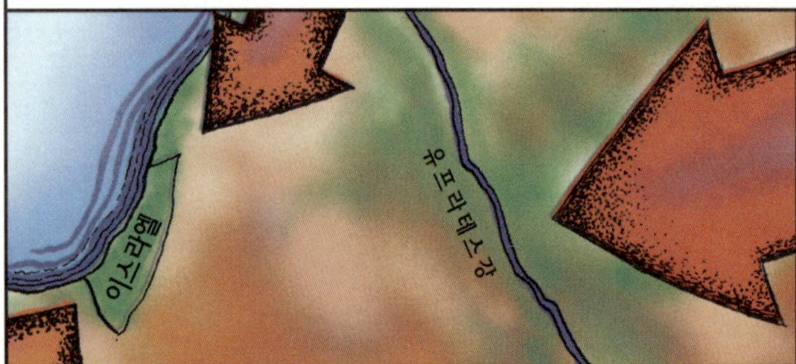

마오쩌둥은 말하기를, "우리 중국이 궁지에 몰리면 2억 명의 군대를 일으킬 수 있다."*고 한 바 있습니다. 동방의 나라들은 중국, 일본, 인도를 포함합니다.

* 〈타임, *Time*〉 지에 실린 CIA 보고서(1965)

오늘날 2,000명의 러시아 기술자들과 20,000명의 아랍인들이 시리아 북동쪽에 있는 메디낫 알 타와라(Medinat al Thawra, N.E.Syria)에 40억 달러 규모의 아스완 댐 형태의 댐을 짓고 있는 것은 놀라운 일입니다. 이에 더해 터키와 이라크에 지은 새로운 댐들은 유프라테스 강을 완전히 말려 버림으로 대규모 동방 군대가 이스라엘의 침략을 위해 그 강을 건너 이동할 수 있도록 해줄 것입니다.

"또 내가 하늘이 열린 것을 보니 흰 말이 보이더라. 그 위에 앉으신 분은 신실과 진실이라 불리며 의로 심판하고 싸우시더라. 그의 눈은 불꽃 같고 머리에는 많은 왕관이 있고 또 한 이름이 기록되어 있는데 그 자신 외에는 아무도 모르며 피에 적신 옷을 입었는데 그의 이름은 하나님의 말씀이라고 불리더라. 또 하늘에 있는 군대들이 희고 정결한 세마포를 입고 흰 말들을 타고 그를 따르더라."
요한계시록 19:11-14

## 예수님의 재림(유대인의 메시야)

"보라, 그가 구름들과 함께 오시리니, 모든 눈이 그를 볼 것이며, 그를 찌른 자들도 볼 것이요, 또한 땅의 모든 족속이 그로 인하여 애곡하리라. 그대로 되리로다. 아멘."
요한계시록 1:7

## 아마겟돈 전쟁

"또 내가 보니, 그 짐승과 땅의 왕들과 그들의 군대가 그 말 탄 분과 그의 군대에 대적하여 전쟁을 하려고 다 함께 모였더라. 그러나 그 짐승이 잡히고, 짐승 앞에서 기적들을 행하던 거짓 선지자도 그와 함께 잡혔으니 그는 짐승과 더불어 그 짐승의 표를 받은 자들과 그의 형상에 경배한 자들을 속이던 자라. 이 둘이 유황으로 불타오르는 불못에 산 채로 던져지더라."
요한계시록 19:19-20

전쟁이 끝나고 ***이스라엘은 구원을 받을 것입니다!*** 사탄은 질 것이고... 사람들의 1/3이 죽을 것입니다. 예수님께서는 예루살렘에 자신의 왕국을 세우셔서 1,000년 동안 통치하실 것입니다.

마티, 재림에 대한 큰 흐름을 설명해 드렸습니다. 하나님께서는 당신을 사랑하시고 당신을 필요로 하십니다. 그리고 당신을 위해 아주 굉장한 미래를 계획해 놓으셨죠.
하지만 전 하늘 나라에 갈 만한 사람이 아닌걸요.
그렇지 않아요, 마티. 하나님께서는 성경에 "모든 사람이 죄를 지었으므로 하나님의 영광에 이르지 못하다가"(롬 3:23)라고 기록하셨습니다.
하지만 그분은 당신을 사랑하셔서 선물을 마련해 놓으셨어요. 값없이 주시는 그 선물은 그분과 함께 영원히 사는 것이랍니다.
하지만 어떻게 제가 그걸 받을 수 있죠?
자, 들어보세요.
"하나님께서 세상을 이처럼 사랑하셔서 그의 독생자를 주셨으니, 이는 그를 믿는 사람은 누구든지 멸망하지 않고 영생을 얻게 하려 하심이니라." 요한복음 3:16
"누구든지"라는 말은 바로 당신을 말씀하시는 거예요, 마티! 하나님께서는 기꺼이 당신의 죄값을 대신 치러 주실 만큼 당신을 사랑하신 거라고요.
"우리가 아직 죄인이었을 때 그리스도께서 우리를 위하여 죽으심으로써..." 로마서 5:8
휴거인가 대환란인가, 하늘 나라인가 지옥인가, 또 예수님과 함께 하는 영원한 삶인가 아니면 사탄과 함께 하는 영원한 고통인가, 이 모든 것들을 당신이 결정해야 합니다.
제가 바보가 아닌 이상 예수님을 선택해야죠.
그렇다면 함께 기도드립시다.
하나님께 당신의 죄를 용서해 달라고 간구하고 예수님을 마음에 영접하십시오.
네.
팀, 지금 누가 어린 양의 혼인식에 함께 참여하게 됐는지 아나?
유대인 택시 기사.
맞아, 친구, 그렇다구!
끝